团 体 标 准

公路桥梁塔墩功能梯度混凝土
施工技术规程

Technical Code for Construction of Functionally Graded Concrete for Highway Bridge Tower and Piers

T/CHTS 10184—2025

主编单位：安徽省交通控股集团有限公司
发布单位：中国公路学会
实施日期：2025 年 1 月 22 日

人民交通出版社

北 京

图书在版编目(CIP)数据

公路桥梁塔墩功能梯度混凝土施工技术规程/安徽省交通控股集团有限公司主编. —北京:人民交通出版社股份有限公司,2025.1. —ISBN 978-7-114-20141-7

Ⅰ. U448.145.4-65

中国国家版本馆 CIP 数据核字第 2025PH9794 号

标准类型：团体标准
标准名称：公路桥梁塔墩功能梯度混凝土施工技术规程
标准编号：T/CHTS 10184—2025
主编单位：安徽省交通控股集团有限公司
责任编辑：郭晓旭　韩亚楠
责任校对：卢　弦
责任印制：张　凯
出版发行：人民交通出版社
地　　址：(100011)北京市朝阳区安定门外外馆斜街 3 号
网　　址：http://www.ccpcl.com.cn
销售电话：(010)85285857
总 经 销：人民交通出版社发行部
经　　销：各地新华书店
印　　刷：北京交通印务有限公司
开　　本：880×1230　1/16
印　　张：1.25
字　　数：23 千
版　　次：2025 年 1 月　第 1 版
印　　次：2025 年 1 月　第 1 次印刷
书　　号：ISBN 978-7-114-20141-7
定　　价：20.00 元

(有印刷、装订质量问题的图书,由本社负责调换)

中国公路学会文件

公学字〔2025〕8号

中国公路学会关于发布
《公路桥梁塔墩功能梯度混凝土
施工技术规程》的公告

现发布中国公路学会标准《公路桥梁塔墩功能梯度混凝土施工技术规程》(T/CHTS 10184—2025)，自2025年1月22日起实施。

《公路桥梁塔墩功能梯度混凝土施工技术规程》(T/CHTS 10184—2025)的版权和解释权归中国公路学会所有，并委托主编单位安徽省交通控股集团有限公司负责日常解释和管理工作。

中国公路学会
2025年1月9日

前　言

本规程是在系统总结国内外桥梁塔墩功能梯度混凝土研究成果和工程经验的基础上编制而成的。

本规程按照《中国公路学会标准编写规则》(T/CHTS 10001—2018)编写,共分为6章,主要内容包括总则、术语和符号、基本规定、外层混凝土材料及配合比设计、施工、外层混凝土质量检验。

本规程的某些内容可能涉及专利,本规程的发布机构不承担识别专利的责任。

本规程由安徽省交通控股集团有限公司提出,并受中国公路学会委托,负责具体解释工作。请有关单位将实施中发现的问题与建议,反馈至安徽省交通控股集团有限公司(地址:安徽省合肥市西藏路1666号,联系电话:18019560737,电子邮箱:46726595@qq.com),供修订时参考。

主编单位:安徽省交通控股集团有限公司。

参编单位:中铁大桥勘测设计院集团有限公司、中交第二航务工程局有限公司、中交路桥建设有限公司、安徽交控工程集团有限公司、合肥工业大学、安徽高等级公路工程监理有限公司、安徽省高速公路试验检测科研中心有限公司、武汉桥梁建筑工程监理有限公司、中咨公路工程监理咨询有限公司。

主要起草人:章征、张强、殷永高、吕奖国、王佐才、朱福春、郑伟峰、余竹、杨灿文、夏江南、何文宗、刁先觉、王海伟、尚龙、任伟新、詹炳根、蔡銮、吴金方、袁宝、苏从辉、陈军法、阿布都热依木江、丁蔚、朱瑞允、纪厚强、朱星虎、葛德宏、李涛、明昕、黄义殳、熊小一、陈扶龙、李昊、毕雨田、马瑞。

主要审查人:李彦武、秦大航、张劲泉、何光、赵君黎、宋宁、袁洪、刘元泉、侯金龙、钟建驰。

T/CHTS 10184—2025

目　次

1 总则 ··· 1
2 术语和符号 ·· 2
　2.1 术语 ·· 2
　2.2 符号 ·· 2
3 基本规定 ·· 3
4 外层混凝土材料及配合比设计 ··· 4
　4.1 材料 ·· 4
　4.2 配合比设计 ··· 4
5 施工 ·· 6
　5.1 施工准备 ·· 6
　5.2 钢丝网施工 ··· 6
　5.3 外层混凝土拌制 ··· 6
　5.4 浇筑与振捣 ··· 7
　5.5 拆模与养生 ··· 7
6 外层混凝土质量检验 ··· 8
　6.1 外观要求 ·· 8
　6.2 质量控制 ·· 8
用词说明 ·· 9

公路桥梁塔墩功能梯度混凝土施工技术规程

1 总则

1.0.1 为指导和规范公路桥梁塔墩功能梯度混凝土的施工,提升质量水平,制定本规程。

1.0.2 本规程适用于公路桥梁混凝土塔墩为了提升表层性能而设置的功能外层混凝土的施工。

1.0.3 公路桥梁塔墩功能梯度混凝土施工除应符合本规程的规定外,尚应符合国家、行业现行标准的有关规定。

2 术语和符号

2.1 术语

2.1.1 功能梯度混凝土　functionally graded concrete

指公路桥梁混凝土塔墩沿横断面方向由内到外，性能呈梯度变化的混凝土。

2.2 符号

f_{ts}——混凝土劈裂抗拉强度（MPa）；
λ_1、λ_2——合格性判定系数。

3 基本规定

3.0.1 功能梯度混凝土塔墩在横断面方向应分内部和外层分别浇筑,先外后内。

3.0.2 外层采用高性能混凝土,内部采用普通混凝土,内外之间竖向设置钢丝网,见图 3.0.2。

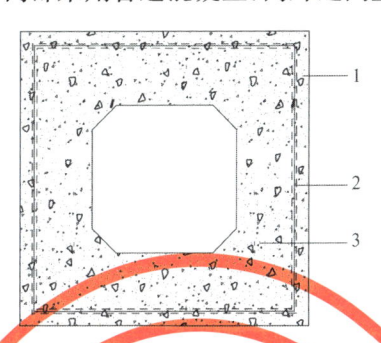

图 3.0.2 梯度浇筑混凝土结构截面图
1-外层混凝土;2-钢丝网;3-内部混凝土

3.0.3 功能梯度混凝土塔墩的外层厚度应控制在 300mm～500mm 之间。

3.0.4 功能梯度混凝土塔墩的内部混凝土应符合现行《公路桥涵施工技术规范》(JTG/T 3650)的有关规定。

3.0.5 塔墩内部和外层混凝土应呈竖向均匀分布,同一节段外层混凝土抗压强度、劈裂抗拉强度不应低于内部混凝土强度指标,弹性模量相差不超过 5%。

3.0.6 功能梯度混凝土的检验方法及频率除应满足本规程的要求外,尚应符合现行《普通混凝土拌合物性能试验方法标准》(GB/T 50080)和现行《公路工程质量检验评定标准 第一册 土建工程》(JTG F80/1)的有关规定。

4 外层混凝土材料及配合比设计

4.1 材料

4.1.1 外层高性能混凝土由水泥、细集料、粗集料、掺合料、拌和水、外加剂、纤维和纳米二氧化钛等组成。

4.1.2 水泥宜采用白色硅酸盐水泥,其性能指标应符合现行《白色硅酸盐水泥》(GB/T 2015)的有关规定。

4.1.3 细集料宜采用天然砂,其技术要求应符合现行《公路桥涵施工技术规范》(JTG/T 3650)中高性能混凝土的有关规定。

4.1.4 粗集料宜采用连续级配,技术要求应符合现行《公路桥涵施工技术规范》(JTG/T 3650)中高性能混凝土的有关规定。

4.1.5 掺合料由粉煤灰、粒化高炉矿渣粉和硅灰组成,其技术要求如下:

   1 粉煤灰应采用F类粉煤灰,其技术要求除应符合现行《用于水泥和混凝土中的粉煤灰》(GB/T 1596)中Ⅰ级规定,还应符合现行《公路桥涵施工技术规范》(JTG/T 3650)中高性能混凝土的有关规定。

   2 粒化高炉矿渣粉的技术要求应符合现行《公路桥涵施工技术规范》(JTG/T 3650)中高性能混凝土的有关规定。

   3 硅灰应采用粉体产品,其技术要求应符合现行《公路桥涵施工技术规范》(JTG/T 3650)中高性能混凝土的有关规定。

4.1.6 拌和水质量应符合现行《公路桥涵施工技术规范》(JTG/T 3650)的有关规定。

4.1.7 外加剂宜采用聚羧酸高性能减水剂,其技术要求应符合现行《公路桥涵施工技术规范》(JTG/T 3650)和现行《混凝土外加剂》(GB 8076)的有关规定。

4.1.8 纤维宜采用天然玄武岩短切纤维,其技术要求应符合现行《公路工程 玄武岩纤维及其制品 第1部分:玄武岩短切纤维》(JT/T 776.1)中混凝土防裂抗裂纤维的有关规定。

4.1.9 纳米二氧化钛(TiO_2)的技术要求应符合现行《纳米二氧化钛》(GB/T 19591)的有关规定。

4.1.10 在内部与外层混凝土之间设置的钢丝网,宜采用镀锌的焊接钢丝网或扎花钢丝网,单层布设,其技术要求符合下列规定:

   1 钢丝网应符合现行《镀锌电焊网》(GB/T 33281)的有关规定,并应固定于塔墩第二排主筋外侧。

   2 钢丝网的丝径宜为1.0mm,网孔净尺寸宜控制在8mm×8mm～12mm×12mm之间。

4.2 配合比设计

4.2.1 外层混凝土配合比应通过试验确定,并符合下列规定。

1 水胶比、胶凝材料用量和砂率宜按表4.2.1试配选取。

表4.2.1 水胶比、胶凝材料用量和砂率

水胶比	胶凝材料用量(kg/m³)	砂率(%)
0.29~0.32	470~500	39~42

2 粉煤灰、粒化高炉矿渣粉、硅灰的掺量应符合现行《公路桥涵施工技术规范》(JTG/T 3650)中关于高性能混凝土的有关规定。

3 水泥用量不宜大于400kg/m³。

4 玄武岩纤维尺寸宜为15mm~25mm，掺量宜为胶凝材料质量的0.2%~0.5%。

5 纳米二氧化钛的掺量宜为胶凝材料质量的1%~3%。

4.2.2 混凝土性能指标符合下列规定。

1 坍落度应为160mm~220mm，3h变化±20mm。

2 扩展度应为400mm~500mm，3h变化±20mm。

3 压力泌水性不应大于40mm。

4 抗渗等级不应小于P8级，测定方法应符合现行《普通混凝土长期性能和耐久性试验方法标准》(GB/T 50082)中逐级加压法的有关规定。

5 抗氯离子渗透等级不应小于RCM-V，测定方法应符合现行《混凝土耐久性检验评定标准》(JGJ/T 193)的有关规定。

6 抗碳化等级不应低于Ⅳ级。

7 28d电通量应不大于1000C。

8 劈裂抗拉强度不宜小于5MPa。

5 施工

5.1 施工准备

5.1.1 内部和外层混凝土应独立拌和、运输、泵送和入模。

5.1.2 外层混凝土不宜采用接力泵送，泵送能力应为同部位内部混凝土的1.5～2.0倍。

条文说明

外层混凝土因掺硅灰、玄武岩纤维等因素，稠度较大，因此泵送能力需增加。

5.2 钢丝网施工

5.2.1 钢丝网的搭接长度应不小于300mm，在结构折角处不宜搭接。

条文说明

保证钢丝网在上节混凝土预留足够搭接长度。

5.2.2 钢丝网不应有破损。

5.2.3 预应力管道或者拉筋穿越钢丝网时，管道或拉筋与钢丝网的净距应不大于网孔的净尺寸。

5.2.4 钢丝网应在箍筋与拉钩筋绑扎前安装，钢丝网安装如图5.2.4所示。

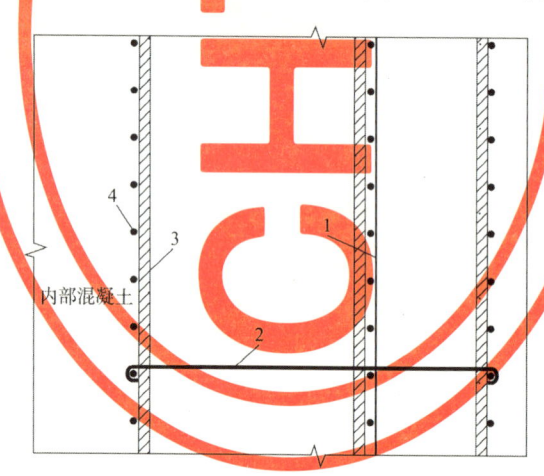

图5.2.4 钢丝网安装示意图
1-钢丝网；2-拉钩筋；3-主筋；4-箍筋

5.3 外层混凝土拌制

5.3.1 粗、细集料的含水率偏差应不大于1%。

5.3.2 每盘搅拌方量宜不大于搅拌设备额定方量的80%。

5.3.3 应根据配合比，将分盘称量袋装的硅灰、玄武岩纤维、纳米二氧化钛投入搅拌机内，与粗细集料、胶凝材料进行干拌,干拌时间应不小于50s,再加入外加剂和水进行湿拌,湿拌时间应不小于120s。

5.3.4 外层混凝土宜按照"少量多次"原则进行拌和,每车方量宜控制在 $4m^3 \sim 6m^3$ 之间。

5.4 浇筑与振捣

5.4.1 混凝土布料设备应具备全覆盖和快速移位功能。

5.4.2 内部混凝土与外层混凝土的浇筑与振捣应符合下列规定。

1 内部混凝土与外层混凝土浇筑的时间差应控制为10min～30min,高度差应控制为200mm～300mm。

2 外层混凝土泵送停滞时间不宜超过15min。

3 外层混凝土串筒间距宜不大于1200mm。

4 外层混凝土宜采用 $\phi 30mm$ 插入式振捣棒,按照不大于300mm的间距,靠近外侧主筋进行振捣,振捣时间宜长于内部混凝土。

5.5 拆模与养生

5.5.1 外层混凝土终凝后3d内,应采用顶面蓄水养生。

5.5.2 外模拆除时间应不小于3d,拆模后应采用湿法养生,养生时间应不小于混凝土终凝后7d。

6 外层混凝土质量检验

6.1 外观要求

6.1.1 外层混凝土的外观质量与检验方法应符合表6.1.1的规定。

表6.1.1 外层混凝土外观质量与检验方法

项次	项目	外层混凝土外观	检验方法
1	颜色	无明显色差,满足设计要求	距离墙面5m观察
2	裂缝	宽度小于0.05mm	刻度放大镜、裂缝宽度检测仪
3	光洁度	无漏浆、流淌及冲刷痕迹,无油迹、墨迹及锈斑,无粉化物	观察
4	混凝土蜂窝麻面面积	不应超过0.2%,深度不超过5mm	观察、尺量

6.2 质量控制

6.2.1 外层混凝土的质量检验项目、检验方法除应符合现行《公路工程质量检验评定标准 第一册 土建工程》(JTG F80/1)的有关规定外,还应符合表6.2.1的规定。

表6.2.1 外层混凝土质量检验项目

项次	检验项目		规定值或允许偏差	检验方法
1	抗压强度		符合设计值	按JTG F80/1附录D
2	劈裂抗拉强度		$f_{ts}(28d) \geqslant 5MPa, \lambda_1=1.10, \lambda_2=0.95$	GB/T 50784
3	氯离子渗透性	28d电通量	最大值≤1000C	GB/T 50784
		28dRCM法	最大值≤$1.5\times10^{-12}m^2/s$	GB/T 50784
4	平整度		最大值≤3mm	2m直尺:检查竖直和水平两个方向,每节段每侧面测量2处
5	节段间错台		最大值≤3mm	尺量:每节段接缝每侧面最大处

注:RCM法:快速氯离子迁移系数法。

用 词 说 明

1 本规程执行严格程度的用词,采用下列写法:

1) 表示严格,在正常情况下均应这样做的用词,正面词采用"应",反面词采用"不应"或"不得"。

2) 表示允许稍有选择,在条件许可时首先应这样做的用词,正面词采用"宜",反面词采用"不宜"。

3) 表示有选择,在一定条件下可以这样做的用词,采用"可"。

2 引用标准的用语采用下列写法:

1) 当引用的标准为国家标准或行业标准时,表述为"应符合《××××××》(×××)的有关规定"。

2) 当引用本规程中的其他规定时,表述为"应符合本规程第×章的有关规定""应符合本规程第×.×节的有关规定""应按本规程第×.×.×条的有关规定执行"。